AF315868

CATALOGUE

DE

TABLEAUX

DESSINS & GRAVURES

PROVENANT DU

Cabinet de M. DE MONTMERQUÉ

ET DONT LA VENTE AUX ENCHÈRES PUBLIQUES AURA LIEU

PAR SUITE DE SON DÉCÈS

Les Vendredi 17 & Samedi 18 Mai 1861, à une heure,

EN L'HOTEL DES COMMISSAIRES-PRISEURS

RUE DROUOT, 5

SALLE Nº **3**

Par le ministère de **Mᵉ BOULOUZE**, Commissaire-Priseur,
14, rue Ollivier,

Assisté de **M. CLEMENT**, Mᵈ d'Estampes de la Bibliothèque
impériale, 3, rue des Saints-Pères,

Chez lesquels se distribue le présent Catalogue.

EXPOSITION PUBLIQUE

Le JEUDI 16 Mai 1861, de une heure à cinq heures.

PARIS

RENOU & MAULDE

IMPRIMEURS DE LA Cⁱᵉ DES COMMISSAIRES-PRISEURS
144, rue de Rivoli.

1861

CONDITIONS DE LA VENTE

Elle sera faite au comptant.

Il sera perçu CINQ POUR CENT, en plus des enchères, applicables aux frais.

Les pièces cataloguées sous le même numéro pourront être divisées.

ORDRE DES VACATIONS

Le Vendredi 11 Mai : **Gravures et Dessins.**
Le Samedi 18 : RESTANT DES **Dessins et Tableaux.**

DÉSIGNATION

TABLEAUX

AVED.

1 — Portrait de Louis Racine (bois).

BEAUBRUN (d'après).

2 — Portrait de Marie-Thérèse, femme de Louis XIV. (bois).

BOURDON (Sébastien, attribué à).

3 — Sainte Famille (toile).

CALLET.

4 — Portrait du comte de Provence enfant (toile).

CASTIGLIONE (dit le Benedette).

5 — Le Sacrifice d'Isaac (bois).

CHARDIN (J. B. S.).

6 — Une table de cuisine, sur laquelle est une bouteille, un gobelet, une poivrière et un plat avec des huîtres, signé (toile).

7 — Poissons et légumes sur une table de cuisine, (toile).

COYPEL (Charles).

8 — Portrait d'un personnage découvrant le buste du Tasse, signé Ch. Coypel.

DYCK (Antoine Van).

9 — Le Christ mort sur les genoux de la Vierge. Esquisse
à l'huile sur papier.

ECKHOUT (Vanden), élève de Rembrand.

10 — Tête de vieillard à grande barbe.

ÉCOLE ALLEMANDE.

11 — Portrait d'un personnage allemand aux trois
quarts.

ÉCOLE FLAMANDE.

12 — L'Annonciation aux Bergers (bois).

ÉCOLE FRANÇAISE.

13 — Portrait de Molière, dans un cadre en bois sculpté
(bois).

14 — Portrait de Bernard de Montfaucon, célèbre histo-
rien (bois).

15 — Portrait du chevalier de Coulanges (bois).

16 — Tableaux de nature morte, représentant des
oiseaux. Deux pendants.

ÉCOLE HOLLANDAISE.

17 — Portrait d'un personnage en pied vêtu d'une robe
(cuivre).

GRIMOUD.

18 — Portrait d'un jeune officier (toile).

GUARDI (genre de).

19 — Vue de Venise (toile).

GUIDE (école du).

20 — La Vierge considérant l'Enfant Jésus endormi.

21 — La Vierge et l'Enfant Jésus.

LEBRUN (attribué).

22 — Sujet Mythologique (toile).

MIGNARD (genre de).

23 — Portraits de la famille de Torelle sous la figure
d'amours tenant un portrait (toile).

MURILLO (école de).

24 — Les Joueurs de cartes (toile).

PORBUS (d'après).

25 — Portrait d'une femme de la cour (toile).

26 — Portrait d'un seigneur de la cour (cuivre).

THOMASSIN.

27 — Portrait de femme en costume de religieuse.

TÉNIERS (David).

28 — Portrait d'homme en pied, signé (sur bois).

TERBURG.

29 — Portraits d'enfants, deux médaillons peints sur
cuivre dans un même cadre.

VALENTIN.

30 — Le Christ et saint Pierre (toile).

VAN DER MEULEN.

31 — Siége d'une ville, Louis XIV à cheval sur le devant (toile).

VÉRONÈSE (PAUL), genre.

32 — Portrait d'homme en buste (toile).

DESSINS

BLOOMEN (VAN).

33 — Chevaux au pâturage, dessin à la plume, lavé.

BOUCHER (F.).

34 — Sujet allégorique sur l'histoire de France, à la plume, lavé.

35 — Enfants jouant près d'une fontaine, dessin à la mine de plomb.

BOUILLON.

36 — Statues antiques, 5 dessins au crayon.

BOURGUIGNON.

37 — Combats de cavaliers, 8 dessins à la sépia.

CAMBIASO (LUC).

38 — Chute de Phaéton et autres, 3 dessins à la plume.

CANOVA (d'après)

39 — Portrait de Napoléon, peinture sur porcelaine.

CARAVAGE (Polidore de)

40 — Sujet biblique au bistre, vigoureusement traité.

CASANOVA.

41 — Combat de cavalerie, à la plume, lavé de bistre.

CHARDIN (attribué à).

42 — Femmes à mi-corps, dessins au crayon noir re-
haussés de blanc, 2 pièces.

CHAUVEAU (genre de).

43 — Louis XIV et Marie-Thérèse présentant le dauphin
à la France, dessin allégorique pour un Al-
manach.

CHEVREU.

44 — Séance d'un club révolutionnaire de femmes, grand
dessin à l'aquarelle.

CHOFFARD.

45 — Portrait de Thomas Corneille, au crayon, lavé.

CIGOLI.

46 — Sujet de Saint, plus un assomption de la Vierge,
par Carle Maratte.

COCHIN (C. N.).

47 — Portraits de Ch.-Phil. Trudaine et Guill.-Thom.
Raynal. Deux très-jolis dessins à la mine de
plomb dans un même cadre avec les portraits
gravés.

DAVID (Louis, attribué à).

48 — Esquisse pour le serment du jeu de Paume.

DELAULNE (ÉTIENNE).

49 — Sujets pour l'histoire de Méléare, 3 dessins à la
plume, lavés.

DE LÉMUDE.

50 — Guerrier Suisse monté sur des montagnes, tirant
de l'arc, dessin à la plume.

DELORME (attribué à PHILIBERT).

51 — Frontispice avec deux figures allégoriques, dessin au bistre rehaussé de blanc.

DOMINIQUIN.

52 — Sainte Cécile, à la plume, lavé.

DUMOUSTIER.

53 — Portrait de saint Vincent de Paul, au crayon
rouge.

DUPLESSIS-BERTAUX.

54 — Grenadier des gardes françaises, etc., 4 dessins
à la mine de plomb, signés.

DU MÊME.

55 — Portrait d'homme, de forme ronde, à la mine de
plomb.

ÉCOLE FRANÇAISE.

56 — Ancien plan de l'abbaye Saint-Médard, de Sois-
sons, avec le château des Rois.

ÉCOLE FRANÇAISE.

57 — Vue des château et jardin de Choisy-le-Roy, vus
du côté de la rivière; Sa Majesté, venant de
passer l'eau, monte en voiture avec les sei-
gneurs invités pour la partie de chasse.

ÉCOLE ITALIENNE.

58 — Portrait de Coclès, mathématicien de Bologne,
au crayon rouge.

GOYEN (Van).

59 — Marines, vues de Hollande, dessins au crayon
noir et dessin de Gessner, 1770, etc. 5 pièces.

GRAVELOT.

60 — Sujet pour la *Henriade*, dessin à la sépia.

GRAVELOT et autres.

61 — Incendie d'un bazar, à la plume, lavé de sépia;
plus un dessin de Demachy : Ruine grecque
et Intérieurs d'académie, attribués à Fra-
gonard, au crayon rouge, etc. 6 pièces.

HILAIRE.

62 — Dessins d'un voyage en Turquie et en Grèce.
Vues de Constantinople et autres. 12 pièces.

63 — Collection de croquis, au crayon et à la plume,
pour un voyage en Syrie. Environ 40 pièces.

HUET (J.-B.).

64 — Repas chez le Pharisien, dessin à la plume lavé
à la sépia, et signé J.-B. Huet, 1792.

LAFFITE.

65 — Dessin allégorique sur Louis XVIII ; dans l'un
se trouve la vue de la porte Saint-Denis.
2 dessins.

66 — Dessin pour un frontispice, représentant le buste
de l'impératrice Joséphine surmontant un pié-
destal et entourée d'enfants qui lui offrent des
couronnes. Très-terminé à la sépia.

LEBRUN (d'après).

67 — Dessins tirés de ses batailles d'Alexandre. 13 dessins à la plume lavés à la sépia.

MONNET, peintre du roi.

68 — Portraits de différents membres de la famille de
monseigneur le Dauphin. 2 pièces.

MOREAU (J.-M.).

69 — Portrait d'Elisabeth, impératrice de Russie, avec
la gravure. Cadre.

NANTEUIL (ROBERT).

70 — Portrait de Montreuil, secrétaire du prince de
Conti et membre de l'Académie française. Dessin à la mine de plomb rehaussé de couleurs,
avec la gravure.

NETSCHER (GASPARD).

71 — Portrait de femme en toilette de bal. Signé, au
crayon noir.

OUDRY (J.-B.).

72 — Femme et enfant montés sur un âne. Au crayon
noir.

PERINO DEL VAGA.

73 — Grande frise en largeur, représentant divers supplices. Dessin au bistre rehaussé de blanc.

PICARD (Bernard).

74 — Sujet allégorique sur l'amour. Dessin pour un frontispice, entouré d'attributs.

PORDENONE.

75 — La Vierge et l'Enfant Jésus entourés de saints, et autres dessins, dont un par Carle Marotte. 6 pièces.

POUSSIN. (Nicolas).

76 — Le Veau d'or. Dessin à la sépia, de la collection sir Josuah Reynolds.

77 — Le Temps découvrant la Vérité. Au crayon rouge.

78 — Moïse sauvé des eaux. Dessin à la plume, lavé.

79 — Scène de Bacchanale. Dessin à la plume.

80 — Scène du déluge. Dessin à la plume.

81 — Moïse défendant les filles Jethro. Dessin à la plume lavé de bistre, et autres. 3 pièces.

PROCACCINI.

82 — L'Assomption de la Vierge. Dessin à la plume, lavé.

ROSSO (Le).

83 — La Boîte de Pandore. Dessin à la plume, lavé.

RUBENS (École de).

84 — Portrait de la femme de Rubens, au crayon rouge.

SAINT-AUBIN (Gabriel).

85 — L'artiste peignant le portrait de l'évêque de Chartres, pendant un dîner que lui donna le comte de Maillebois, signé G. Saint-Aubin, 1768. Très-joli dessin à la plume et à la mine de plomb, lavé de bistre.

SAINT-JEAN (attribué à).

86 — Costumes de femmes du temps de Louis XIV. 2 pièces sur la même feuille.

VAGA (Perino del).

87 — Croquis pour son tableau de l'Ascension, à la sépia.

VAN DER MEULEN.

88 — Naissance du Dauphin à Fontainebleau, le 1er novembre 1661, plus un dessin représentant un Festin royal. 2 dessins à la plume, lavés.

VANNI (de Sienne).

89 — La Vierge et l'Enfant Jésus adorés par des saints. A la plume, lavé. (Du cabinet Denon.)

VERNET (d'après Horace).

90 — La Cérémonie de Pâques. Dessin à l'aquarelle.

WATTEAU (Ant.).

91 — Figure de femme habillée. Joli croquis au crayon rouge.

DAVID (d'après).

92 — Portrait de Lepelletier de Saint-Fargeau, à l'aquarelle.

93. — Personnages de la cour de Henri II. Miniature trouvée au château de Chantilly.

94 — Portrait de messire Sébastien-Charles Angureau, président de la chambre des comptes, mort en 1666. Grande miniature sur vélin.

95 — Portrait à la gouache de Stanislas Leczinski, roi de Pologne et ensuite duc de Lorraine et de Bar.

96 — Portrait du chevalier de la Luzerne, ministre plénipotentiaire de France à Londres. Portrait à l'aquarelle, dans un petit cadre en bois sculpté.

97 — Portrait de Claude-Joseph Vernet, peintre de marines. Très-jolie miniature.

98 — Portrait de femme, hommes et enfants. 5 miniatures dans un même cadre.

99 — Deux feuillets de miniatures, avec lettres ornées.

100 — Portraits de jeunes Taïtiennes, dessinés par les soins de Bougainville, à l'aquarelle.

101 — Un Christ en ivoire.

102 — Reliquaire en cuivre ciselé, renfermant des reliques de différents saints.

ESTAMPES

ALDEGRAVER, les BEHAM, G. PENCZ.

103 — Un nombre très-considérable de pièces de ces maîtres.

BOSSE (Abraham).

104 — Portrait de Callot, entouré d'ornements. Belle épreuve, avec l'adresse de Silvestre.

CALLOT (J.).

105 — Vues de Paris, prises de la tour de Nesle. 2 pièces.

CHARDIN (d'après).

106 — Les Bouteilles de Savon, par Fillæul; le Château de cartes et un pièce de Lancret. 3 pièces.

CHOFFARD et autres.

107 — Bossuet, Larochefoucauld, Helvétius, Voltaire, etc. 14 pièces.

DESON (N.).

108 — Vues de la cathédrale de Reims et de l'église Saint-Nicaise; plus une autre vue de la cathédrale, chez Démortain.

DREVET (P.).

109 — Portrait de J.-B. Bossuet, évêque de Meaux.

DREVET et autres.

110 — Portrait de la princesse Palatine, d'après Rigaud, par Drevet; Mme Dubarry, par Lebeau; Marie-Antoinette, etc. 6 pièces.

EDELINCK (G.).

111 — Portrait de Madelaine de Lamoignon. Belle épreuve du 1er état.

FIQUET (ÉTIENNE).

112 — Portraits de J.-J. Rousseau, Lamotte, Levayer, Cicéron, Bayle, Crébillon, J.-B. Rousseau, Molière, Descartes, Voltaire, Vadé, Maintenon, Corneille, Racine, Fénelon, etc. 18 pièces.

GRATELOUP (J.-B.).

113 — Portraits de Bossuet à mi-corps et en buste; Adrienne Lecouvreur, Descartes, Dryden, le cardinal de Polignac, J.-B. Rousseau, Fénelon et Montesquieu. 9 pièces.

GREUZE (d'après).

114 — Le Malédiction paternelle; la Mère bien aimée; l'Accordée de village; le Fils puni; le Gâteau des rois, etc. 6 pièces.

115 — La Devineresse. *Fac-simile* du dessin.

KARTARUS.

116 — La Procession de la Ligue. Pièce curieuse.

LASNE (Michel).

117 — Portrait de Charlotte de Montmorency, princesse
de Condé. Rare.

MARCENAY (de).

118 — Le Maréchal de Saxe, épreuve avant la lettre;
Henri IV, Sully, Turenne, etc. 11 pièces.

MERIAN.

119 — Carrousel fait à la place Royale à Paris, les 5, 6
et 7 avril 1612.

MEUNIER (L.).

120 — Diverses vues de Grenade, gravées à l'eau-forte.
12 pièces.

MOREAU le Jeune.

121 — Sacre de Louis XVI. Épreuve à l'eau-forte.

MULLER (J.-G.).

122 — Portrait de Mᵐᵉ Lebrun. Épreuve avant la lettre.
Rare.

NANTEUIL (Robert).

123 — Portrait de Basile Fouquet.

124 — Portrait de Marin Cureau, de la chambre. Très-
belle épreuve du 1ᵉʳ état.

NANTEUIL (Robert).

125 — Portrait de Jean Loret de Carentan. Belle épr. du 2ᵉ état, avant la virgule, après le mot Loret.

126 — Portraits de l'abbé de Coislin, etc. 4 pièces.

PESNE (Antoine).

127 — Le Testament d'Eudamidas.

SAINT-AUBIN et autres.

128 — Fénelon, le père Lachaise, Rollin, etc. 7 pièces.

SAVART (Pierre).

129 — Portrait de Boileau, Rabelais, Bayle, le cardinal de Bernis, Colbert, Richelieu, Mᵐᵉ Deshoulières. 8 pièces.

SILVESTRE (Israel).

130 — Perspective de la ville de Paris et du pont des Tuileries.

131 — Grande vue du château de Chambord, du côté du parc, et une autre, du côté de l'entrée.

132 — Vues de Paris, de France, etc. 172 pièces.

133 — Grand nombre de vues de Paris et de France, renfermées dans un grand vol. in-fol., rel. en maroq. (ancienne reliure).

WILLE (J.-G.).

134 — La Liseuse et la Dévideuse, d'après G. Dow. Anciennes épreuves.

135 — Portrait de Henri III, gravé en 1575, et pièces historiques relatives à son histoire et à Henri IV. 18 pièces.

136 — Sous ce numéro, il sera vendu un nombre considérable de tableaux, dessins et gravures non catalogués.

RENOU et MAULDE, Imprimeurs de la Compagnie des Commissaires-Priseurs, 144, rue de Rivoli.   1857

16. 5. Christ sur bois — 10

l'abbé de Rancé — 2

Louis XVI et Malesherbes — 3

henri IV et henri V — 3

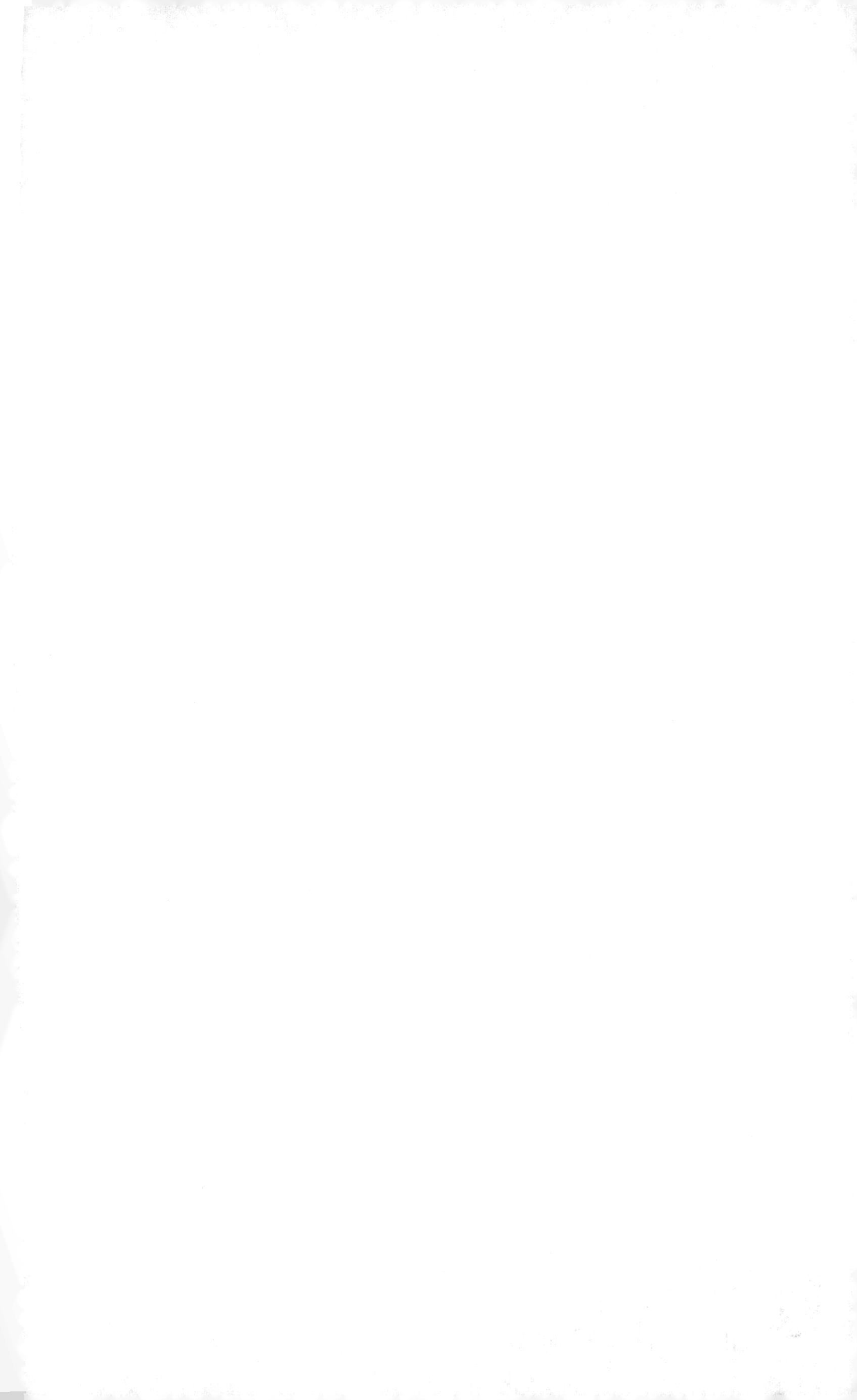

9 782329 010779